L'ORACLE *de la* MAGIE INTÉRIEURE

Titre original : *Magick of You Oracle, Unlock Your Hidden Truths*
Publié pour la première fois en anglais par Rockpool Publishing.

Traduit de l'anglais par Violaine Dezaux.
Illustrations : © Marcela Bolivar.

ISBN : 978-2-38135-014-1

www.editions-tredaniel.com
info@guytredaniel.fr
www.facebook.com/editions.tredaniel
@vegaeditions

Tirez une carte.

Examinez la carte et accomplissez le rituel proposé.

TIRAGE DE DEUX CARTES

Gardez une pensée dans votre esprit – une personne, un événement, un souhait, une idée – et mélangez les cartes. Tirez deux cartes sans les regarder et posez-les face cachée.

Retournez la première carte. Elle confère de la clarté à votre question, révélant vos objectifs essentiels et vous aidant à comprendre pourquoi vous avez eu recours à vos cartes.

Lisez la description de la carte dans le livre, prenez des notes, et prenez le temps d'y réfléchir. Si d'autres idées et messages ne figurant pas dans la description vous parviennent, écrivez-les.

Retournez la seconde carte. Cette carte représente votre défi – ce qui vous demande de creuser encore plus loin pour comprendre la situation. Certaines cartes, lorsqu'elles sont tirées avec d'autres, prennent une signification particulière. Cette signification est fournie en conjonction avec l'autre carte. La carte « Sorcière », par exemple, qu'elle soit tirée seule ou avec n'importe quelle autre carte, est toujours la carte porte-bonheur, qui représente la facilité et l'évolution favorable d'une situation.

COMMENT UTILISER LES CARTES

⁂

Ces cartes sont conçues spécifiquement pour être tirées pour soi-même. Je vous suggère de prononcer cette simple prière avant de vous tirer les cartes :

« Dieu/Déesse/Univers, aide-moi à apprendre ce qui peut me guérir ; aide-moi à savoir comment devenir la meilleure et la plus utile version de moi-même à cet instant. »

Avant de tirer les cartes pour d'autres personnes, je vous suggère la prière suivante pour que l'inspiration divine vous guide plus facilement :

« Dieu/Déesse/Univers, aide-moi à rendre service à cette personne, aide-moi à partager avec elle des idées et des pensées qui l'aideront à atteindre le bonheur, la guérison et la meilleure version d'elle-même. »

Les tirages

TIRAGE UNIQUE

Une pratique quotidienne ou hebdomadaire pour la guérison et l'équilibre

Videz votre esprit de toute pensée consciente. Inspirez profondément trois fois, puis mélangez les cartes.

en vous plongeant dans ces cartes. Vous n'avez pas besoin d'être une Sorcière pour observer les rituels et en bénéficier… si vous vous déclarez Sorcière, alors ils vous paraîtront familiers. Si tout cela est nouveau pour vous… alors il se pourrait que vous fassiez vos premiers pas sur le chemin de la Sorcière.

Je vous souhaite bonheur et épanouissement au cours de votre voyage.

Soyez béni,

Fiona

INTRODUCTION

L'Oracle de la magie intérieure constitue une aide pour avoir une vision des choses plus globale lorsqu'on n'arrive à voir que la partie émergée de l'iceberg et qu'on a besoin de prendre du recul. Ce paquet de cartes est conçu pour apporter clarté et confirmation de vos pressentiments, et il se pourrait que, parfois, il vous montre l'opposé de ce que vous pensez et ressentez… pour une bonne raison !

Les éclairages fournis pour chaque carte servent à guider votre interprétation des images et des énergies, et non à limiter ce qui doit vous être révélé. En observant les cartes, vous verrez d'autres idées et concepts émerger. Elles vous invitent à la contemplation et constituent un miroir pour votre âme, vous permettant de mieux vous connaître en profondeur. Soyez ouvert à cela. Vous méritez mieux qu'une solution provisoire.

Chaque carte prend un aspect magique puisqu'elle propose un rituel correspondant fondé sur la sagesse des Sorcières. Vous n'êtes pas obligé d'observer le rituel, mais il est plus que probable que vous aurez envie d'accomplir un peu de magie

SOMMAIRE

FIONA HORNE

L'ORACLE de la MAGIE INTÉRIEURE

Découvrez vos vérités cachées

ÉDITIONS VÉGA

Après avoir tiré et analysé la seconde carte, prenez quelques notes à son sujet et ayez confiance en votre jugement.

Agissez et effectuez les rituels proposés. Ils vous aideront à absorber et à suivre les conseils des cartes.

TIRAGE DE TROIS CARTES

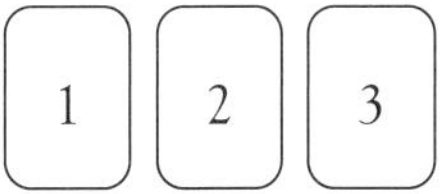

Il s'agit d'un tirage classique, simple et polyvalent, servant à appréhender l'arrivée d'une situation et son issue.

Mélangez les cartes et sélectionnez-en trois.

La première carte est le passé.

La deuxième est le présent.

Et la troisième est le futur.

Souvenez-vous que le futur est façonné par ce que nous faisons aujourd'hui. Ce tirage vous aide à gagner en perspective et en inspiration pour pouvoir agir.

TIRAGE DE NEUF CARTES

Ce tirage est une suite du tirage de trois cartes, il apporte une interprétation encore plus approfondie d'une situation et de sa solution ou son issue.

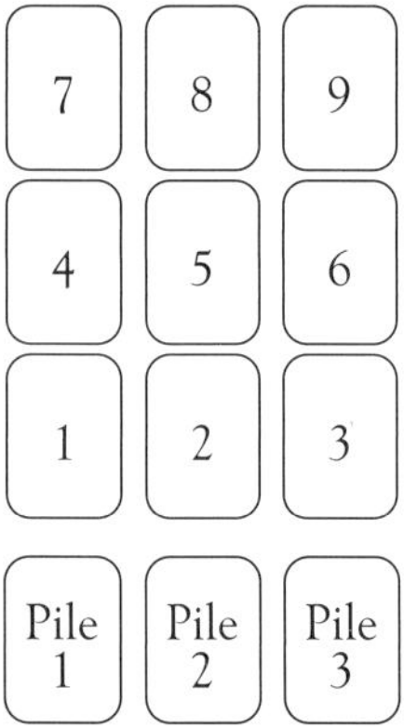

Mélangez les cartes et séparez-les en trois piles.

Retournez la première carte de chaque pile et placez-la au-dessus de la pile correspondante.

Retournez ensuite la carte suivante et placez-la au-dessus de la première pour chaque pile.

Répétez l'opération jusqu'à avoir neuf cartes face visible.

Ligne 1 – L'essence des événements et idées qui mènent à la situation

Ligne 2 – L'état actuel des choses

Ligne 3 – Comment les choses vont évoluer, selon les événements et circonstances actuels

Chaque carte peut être analysée spécifiquement, mais parcourez également des yeux la globalité des cartes et laissez les couleurs et les images du tirage de neuf cartes vous parler de façon unique. Faites confiance à la première pensée qui traverse votre esprit ou passe la barrière de vos lèvres.

Votre première impression est toujours la plus juste, car elle vous vient avant que vos expériences et opinions personnelles troublent votre analyse psychique.

TIRAGE SECONDAIRE

L'Oracle de la magie intérieure est également pensé pour fournir un éclairage sur d'autres paquets de cartes. Vous pouvez effectuer un tirage avec un autre paquet puis, pour plus de clarté, tirer une carte oracle.

Par exemple : vous avez effectué un tirage en croix celtique classique à partir d'un autre paquet de cartes, mais vous n'êtes pas sûr de comprendre les conseils que vous recevez. Tirez une carte oracle et utilisez sa signification pour vous aider à clarifier l'autre tirage.

L'Oracle de la magie intérieure est pensé comme un guide pour mieux vous connaître et vous aider à devenir la meilleure version de vous-même. Naturellement et inévitablement, cela transformera aussi le monde qui vous entoure afin que vous puissiez vivre et continuer d'apprendre dans l'harmonie, la sagesse, l'aventure et la gratitude.

1.

AVENOIR

Faites la paix avec votre passé

⁂

La rameuse assise dans son bateau peut uniquement distinguer d'où elle vient tandis qu'elle pagaye vers l'avant. Lorsque vous tirez la carte Avenoir, c'est qu'il est temps de mettre les choses en perspective et de comprendre le rôle que joue votre passé dans la direction que vous prenez aujourd'hui. Êtes-vous capable d'apprécier la beauté de l'endroit d'où vous venez, et de la laisser vous guider vers le futur ?

Ou vous refermez-vous sur vos problèmes, vos erreurs, vos déceptions, et les laissez choisir votre direction ?

Alors que vous tirez un trait sur tout cela pour aller de l'avant, l'Avenoir vous rappelle que cet « avant » ne sera ni important ni épanouissant tant que vous n'embrassez pas et n'appréciez pas inconditionnellement l'endroit d'où vous venez, dans toute sa douleur et splendeur délicate. Avenoir est une carte de guérison. Elle vous indique que vous devez faire la paix avec votre passé.

La femme représentée sur la carte Avenoir vient de terminer son périple sur une mer agitée par les tempêtes. Sa chevelure porte encore la marque des vagues qu'elle a affrontées, guidée par son passé jusqu'à cet instant. Elle s'en remet à son instinct – l'arbre de sa vie prend racine dans ses propres expériences. Rayonnante et courageuse, elle s'élance vers un avenir incertain avec assurance, ancrée dans le moment présent. Ce faisant, elle accepte le voyage qu'est sa vie, sans jugement. Elle ne regrette pas son passé et ne craint ni son poids ni son héritage, car elle a appris à le voir tel qu'il est : essentiel à son évolution personnelle.

Tandis que vous relevez vos défis d'aujourd'hui, ouvrez les bras à votre passé.

Visez haut, soyez courageux et audacieux. Inconditionnellement, vous êtes porté par votre passé.

Il vous revient d'escalader l'arbre de votre vie – faites-lui confiance.

Rituel : « Souvenirs sacrés »

À la nouvelle lune, écrivez sur un papier trois souvenirs que vous chérissez et qui célèbrent votre vie unique.

Pliez ce papier trois fois.

Plantez-le sous un bel arbre robuste.

Chaque jour, jusqu'à la pleine lune, tracez votre nom dans la terre au pied de l'arbre. Sa force vitale fera « grandir » votre avenir unique en un monde de possibilités, nourri par l'énergie de vos meilleures expériences.

2.

BUHO

Changez votre façon de voir

⁂

Si vous voulez changer le monde, commencez par changer le regard que vous portez sur lui. Prêtez attention au positif et à l'agréable, ne vous laissez pas distraire par ce qui vous apporte tristesse et désespoir. Vous observez avec votre cœur et avec vos yeux. Cultivez votre sagesse en voyant le monde se transformer selon le regard que vous portez sur lui.

La sagesse évolue constamment, elle n'est ni statique ni fixe. Il est temps non seulement de regarder le monde extérieur, mais aussi de jeter un œil à l'intérieur de vous-même pour comprendre le rôle que vous jouez dans les événements qui se produisent autour de vous.

Laissez ce que vous observez vous transformer – puisez dans ce que vous savez aujourd'hui, même les faits et les vérités difficiles à accepter. Ils représentent pour vous de nouvelles opportunités d'évolution et de transformation.

La femme représentée sur la carte Buho regarde le monde avec assurance et curiosité, portant sur ses index le hibou (sagesse) et le papillon (transformation).

Buho signifie également que l'on vous observe et que l'on remarque votre courage, vos bonnes actions et votre transformation personnelle, et que ces qualités seront récompensées. La carte Buho apparaît lorsqu'une récompense, une prime ou une approbation sont sur le point d'arriver.

Rituel : « Clarté consciente »

Purifiez votre regard en vous éloignant des médias et de leurs reportages toxiques, des réseaux sociaux et de leurs publications sarcastiques, et de la publicité manipulatrice. Choisissez consciemment et avec assurance ce que vous souhaitez observer dans le monde, et ne dirigez votre regard et votre cœur que dans cette direction. Fabriquez chez vous un autel de beauté et de paix : fleurs, photographies, bougies, cadeaux des personnes qui vous sont chères… Transformez ainsi un coin de votre foyer pour qu'il apaise immédiatement votre regard et vous mette du baume au cœur. Prenez du temps chaque matin et chaque soir pour observer votre autel de beauté, et laissez son énergie imprégner le reste de votre journée jusqu'à ce que vous vous sentiez équilibré et que les événements se produisant autour de vous soient harmonieux et agréables.

3.

DÉTOX

Purifiez-vous et restaurez-vous

⁂

Les réseaux sociaux, les appareils électroniques, les psychotropes, la nourriture… autant d'éléments qui peuvent être toxiques et néfastes si l'on en abuse. La carte Détox vous indique que vous devez purifier votre corps et votre âme. Vous avez besoin de repos, en particulier si vous stimulez trop votre cerveau et vos émotions à coups de réseaux sociaux et de Smartphone. Un excès de communication peut également être nocif. Vous avez besoin de calme, de retrouver votre authenticité et de vous créer un espace pour guérir, vous occuper de vous-même et de votre vie.

La femme représentée sur la carte Détox est couchée sur un lit de feuilles en désordre, une carafe de liqueur posée à côté d'elle. Sa vie est merveilleuse et ses rêves sont doux (même ceux qui l'effraient), car elle n'a pas peur d'en tirer des leçons. Ils s'envolent de son subconscient comme de jolies perles de bonheur parce qu'elle sait quand se reposer et se retirer pour s'épanouir. La carte Détox symbolise également l'interprétation des rêves, vous indiquant de vous intéresser à eux – loin d'être de simples rêves, ils sont autant de messages et d'indications destinés à vous guider.

Rituel : « Sommeil sacré »

Faites tomber sur votre oreiller trois gouttes d'huile essentielle de lavande (pour la sérénité) et une goutte d'huile essentielle de citron (pour la clarté et vous souvenir de vos rêves). Vous pouvez également placer un morceau de citrine en dessous pour avoir encore plus de chances de vous souvenir de vos rêves. Buvez une infusion de valériane et de rose une heure avant d'aller vous coucher, et prenez une douche ou un bain pour mettre votre journée derrière vous et « effacer l'ardoise », puis dormez nu dans des draps propres. Gardez un carnet et un crayon près de votre lit pour y écrire vos rêves à votre réveil. Faites cela trois nuits d'affilée. Vos rêves vous révéleront ce que vous devez savoir pour la suite de votre voyage.

4.

CAPACITÉ

La clé est à portée de main

⁂

Ce que vous convoitez est à portée de main. Comme pour tous les « oui », des ajustements sont requis – libérez-vous de la prison mentale qui vous empêche de vous sentir suffisant, de vous sentir digne. Vous possédez la bonne clé, n'en doutez pas. Soyez reconnaissant envers vos professeurs, même ceux dont vous n'avez pas particulièrement apprécié les leçons. Vos ex, vos anciens employeurs, ceux qui vous ont persécuté ou harcelé en ligne, tous ont des leçons à vous apprendre. Comme par magie, quand vous éprouvez de la gratitude pour ces enseignements, vos difficultés disparaissent. La clé ouvrant la porte au reste de votre vie se trouve juste à votre portée… il ne tient qu'à vous de l'attraper.

La femme représentée sur la carte Capacité brise courageusement le plafond de verre et attrape la clé dorée – le symbole éloquent de sa sagesse nouvellement acquise. Les larmes de sang coulant du visage sculpté au-dessus de la porte représentent des résidus de douleurs et de pertes passées, désormais transformées en pouvoir et en assurance. Si vous tirez cette carte à un moment où vous souhaitez passer à la prochaine étape du succès (qu'il s'agisse d'une avancée dans votre carrière, de réussir un test, d'être accepté dans un établissement d'enseignement, etc.), alors elle vous indique que la réponse est « oui ».

Rituel : « La porte ouverte »

Chez vous, choisissez une porte fermée s'ouvrant vers l'extérieur. Léchez l'index de la main dont vous vous servez pour écrire, « nommez » votre porte en choisissant un mot qui représente votre objectif et tracez-le sur la porte avec votre salive. À l'aide d'encens ou d'un bâton de fumigation, dispersez de la fumée autour des coins de la porte en méditant sur ce que vous souhaitez obtenir. Lorsque vous êtes prêt, ouvrez la porte et traversez-la. Ce que vous désirez est désormais possible et en train de se réaliser – vous avez brisé le plafond de verre, vous avez contourné vos obstacles, et vous êtes désormais libre de grandir et de devenir la prochaine meilleure version de vous-même.

5.

EFFERVESCENCE

Cultivez l'amour

⁕

L'amour bourgeonne, croît et éclôt autour de vous. L'énergie d'un amour nouveau aide tout à grandir, pas seulement les relations. Le potentiel de ressentir et recevoir de l'amour ne connaît aucune limite à cet instant – les blocages et les obstacles disparaissent, la voie est libre. Soyez confiant, optimiste et joyeux. Si vous avez tiré cette carte dans un moment où vous vous sentez seul ou désillusionné au sujet de l'amour, c'est un signe que vous devez cultiver l'amour dans d'autres domaines pour nourrir de passion la partie aride de votre vie. Plus vous ressentirez d'amour et de joie dans différents domaines, plus cette énergie se déversera dans les domaines où vous en manquez.

La jeune fille contemple la beauté de sa vie ; sa robe blanche dénote la pureté et la simplicité… le bas de sa robe est entouré de violettes, qui lui confèrent un éveil spirituel. Elle ressent la douce énergie de l'amour et de l'optimisme bourgeonner et éclore. Les nuances vertes du printemps et du renouveau forment un halo de lumière autour d'elle… elle s'épanouit.

Rituel : « Amour sous la nouvelle lune »

Chargez une bague ou un autre bijou fait de métal en le posant sur la terre ou sur un tissu en fibre naturelle et en le laissant toute la nuit sous la lumière d'une nouvelle lune. Portez le bijou pour apporter à toutes les facettes de votre vie un renouveau de vie et d'amour.

6.

ÉPIPHANIE

Révélez vos talents

⁂

La femme représentée sur la carte Épiphanie semble savourer le doux parfum de son propre succès… mais, désormais, il est temps de partager ce succès avec le monde. Avez-vous gardé quelque chose à l'abri du regard des autres – quelque chose qui pourrait les surprendre et les enchanter ? Le monde veut ce que vous avez à offrir. Éveillez-vous à votre talent caché – vous êtes largement suffisant. Des talents cachés, une nouvelle compétence ou une nouvelle passion sont juste là, en ébullition… prêts à se déverser de vous, en ce moment même, tout comme l'or se déverse du bras de la femme représentée sur la carte.

Avez-vous un objectif profond – quelque chose que vous croyez impossible, peut-être ? Il est de votre devoir de dévoiler et libérer votre potentiel. L'heure est à l'action. L'Univers conspirera en votre faveur si vous agissez maintenant.

Rituel : « Le pouvoir du oui »

Pendant trois jours, répondez « oui » à chaque sollicitation et opportunité. Ne soyez guidé que par le « oui » et allez où cet enthousiasme vous mène. Voyez les compétences et talents particuliers dévoilés en vous, et souvenez-vous que tout est possible si vous le permettez.

7.

EPOCH

Faites une pause dans votre voyage

⁜

Si vous tirez la carte Epoch, vous pourriez avoir l'impression que votre vie a été coupée en deux. La carte correspondante dans le tarot traditionnel est « La Tour ».

Ce processus peut être traumatisant et douloureux, mais tout changement significatif se produit après une destruction violente – une liquidation de l'ancien produisant du nouveau. Comme les volcans et les séismes secouent la planète pour créer de nouveaux continents, les événements cataclysmiques de nos vies apportent de nouvelles opportunités d'évolution. Ce nettoyage fait de la place pour une nouvelle piste d'action. Cependant, une période calme de destruction et de décomposition est aussi essentielle pour la régénération et la renaissance à tous les niveaux – physique, mental et spirituel.

L'homme sur la carte Epoch est déchiré, mais, tandis qu'il se repose, les fleurs de l'inspiration éclosent lentement autour et à l'intérieur de lui. Profitez de l'apaisement et du réconfort pendant que vous attendez avant d'initier votre prochain mouvement. De nouveaux développements vous attendent. Un signe vous parviendra, comme l'oiseau posé sur le genou de l'homme de la carte : il déguste le nectar destiné à polliniser – vous et votre vie évoluez… devenez.

Rituel : « Réconfort et paix »

Créez un espace sans inquiétude et confortable – couvertures douces, coussins, bougies, infusions fumantes, musique relaxante… Reposez votre esprit, votre corps et votre âme. Faites une pause dans votre voyage. Rendez-vous dans cet espace au moins deux fois par jour pendant sept jours ou jusqu'à la prochaine pleine lune pour aider votre esprit et votre âme à guérir. Donnez-vous l'espace nécessaire pour que le monde autour de vous apporte les changements dont vous aurez besoin lorsque vous serez prêt à reprendre le cours de votre vie.

8.

EUNOIA

Tout en parfait équilibre

⁂

La femme représentée sur la carte Eunoia est l'incarnation de la bonne volonté. Sa couronne d'épines et de feuilles indique qu'elle comprend qu'à travers son voyage dans le plaisir et la douleur elle est fondamentalement libre – tout est en parfait équilibre alors que son âme prend son envol. L'auréole au-dessus de sa tête représente un esprit sain : équilibré dans ses émotions, rationnel dans tous ses hauts et ses bas.

La carte de la Mort du tarot traditionnel est la sœur de la carte Eunoia. Tirer cette carte est le signe d'une fin imminente, suivie d'une renaissance inévitable.

La contemplation mortelle est une pratique spirituelle ayant le potentiel de guérir, d'instruire et de nous connecter à la source de notre être. Contempler sa propre mort est une pratique saine et essentielle pour que notre mort ait un sens. Une seule chose est aussi magnifique que notre mort, c'est notre naissance. Les deux sont de glorieuses passerelles vers la source de toute création. Toute chose dans la vie – bonne ou mauvaise – possède un début, un milieu et une fin.

Gracieusement, laissez les choses passer et se fondre dans le chaudron universel de la création, pour votre renaissance.

Rituel : « Mort sacrée »

Allumez des bougies noires et argentées à l'intérieur d'un cercle de sel et placez-y des photos de vous à différents stades de votre vie. Pensez à tous les débuts et à toutes les fins qui ont jalonné votre existence.

Réfléchissez à votre transition physique ultime et à la manière dont vous voudriez que votre forme physique soit libérée : dans la terre, le feu, l'eau, le ciel ? Soyez fier de votre souffrance et de votre joie.

Libérez votre peur. Choisissez de vous souvenir que vous n'avez besoin d'aucune promesse de paradis pour rendre votre vie meilleure et lui donner autant de sens que possible. Cet autel de mort sacrée peut être rechargé en rallumant les bougies. Passez-y du temps dédié à la contemplation, pendant une période d'au moins une semaine ou jusqu'à la prochaine nouvelle lune, pour faciliter un meilleur bénéfice spirituel.

9.

EUPHORIE

Honorez-vous

⁂

La déesse blanche au visage recouvert de serpents/ de cygnes représente la fusion sacrée entre l'air et la terre – l'inspiration divine liée à la tangibilité de la terre. Cette carte comporte un aspect sensuel – il est de votre devoir d'honorer votre personne physique, de la glorifier. Avez-vous maltraité votre corps ? Une mauvaise alimentation, un excès de substances toxiques, des entraînements forcés que vous n'appréciez pas… toutes ces choses vous punissent au lieu de vous célébrer.

Ne faites rien absorber à votre corps qui soit indigne de votre statut de déesse. La clé, c'est la qualité plutôt que la quantité – éveillez-vous à votre moi sacré.

Soyez sélectif lorsque vous choisissez qui a le droit d'être physiquement proche de vous. En termes de sexe et de sensualité, ne partagez pas votre moi sacré avec quelqu'un qui ne vous mérite pas ou ne vous traite pas de manière honorable et respectueuse.

La femme représentée sur la carte Euphorie pose ses mains sur son cœur de manière douce et séduisante, réfléchissant à la splendeur bénie de sa réalité. Elle est silencieuse et songeuse – il s'agit d'une compréhension profonde, totalement indépendante des lois de la société et des opinions des autres. À l'intérieur, elle est infinie, et sa forme physique constitue une passerelle.

Rituel : « Soin sensuel »

Prenez un bain ou une douche et massez votre corps avec un lait corporel enrichi en mica, un minéral réfléchissant très fin. Pour un soin fait maison, vous pouvez en mélanger ¼ de cuillère à café avec une tasse de crème bio pour le corps.

Prenez le temps de vous masser lentement pour éveiller vos sens petit à petit. Une fois que votre corps est éclatant et relaxé, plongez-vous dans la méditation suivante :

Vous vous tenez à la lisière d'une colline, sur un chemin qui serpente en une large spirale jusqu'au centre d'une vallée. En suivant le chemin, vous remarquez des lucioles brillantes, comme des étincelles d'inspiration et des particules d'étoiles, flottant autour de vous. Vous atteignez le centre de la vallée et voyez un gros serpent de couleur blanche enroulé autour d'une pierre. Sa peau luisante vous fascine, vous vous sentez en sécurité et connecté à l'énergie de la déesse ancienne qui rayonne autour de vous. Vous vous allongez sur le sol – il est sombre, chaud… et, tout comme le serpent, vous vous mettez à produire une lueur blanche transcendantale. Dans ce lieu sacré, vous êtes profondément conscient de votre existence fondamentalement belle et sensuelle. Vous vous sentez euphorique, des vagues d'extase vous font frissonner. Le serpent vous parle – il prononce des mots particuliers, tout spécialement pour vous. Souvenez-vous de ses paroles et, lorsque vous aurez terminé la méditation, écrivez-les sur un papier que vous placerez sur votre autel pour vous rappeler votre moi sacré.

10.

FIRGUN

Devenez un miroir aimant

⁂

La joie simple et altruiste venant du fait de savoir qu'une bonne chose est arrivée à quelqu'un d'autre comble et guérit l'âme en colère et apitoyée. Il est l'heure d'être en phase avec nos émotions et d'apprécier les autres ainsi que nous-mêmes. Lorsque nous nous réjouissons du bien-être et du succès d'autrui, nous incarnons ces pensées. Comme l'a démontré et prouvé la physique quantique, nous devenons une partie de ce que nous identifions et reconnaissons. L'appréciation inconditionnelle du bonheur d'autrui est libératrice – elle touche notre esprit et se répercute à travers notre propre expérience de la vie, comme les ridules délicates qui traversent le cœur d'un homme. Vous devez faire preuve de courage et mettre de côté votre peur, votre ressentiment, votre jalousie et votre colère pour vous délecter de la joie des autres. Soyez certain qu'à travers cette simple contemplation et observation, votre propre cœur se trouvera guéri et régénéré, et votre vie reflétera, parfaitement et singulièrement, la joie et le succès que vous voyez autour de vous.

Rituel : « Divination noire »

Remplissez d'eau pure un bol en cristal ou en verre, puis faites-y tomber trois ou quatre gouttes d'encre de Chine. Mélangez avec une cuillère. Alors que l'eau s'assombrit, contemplez ses profondeurs apaisantes et pensez aux personnes dont vous enviez la vie et envers lesquelles vous ressentez de l'amertume.

Autorisez-vous à vous radoucir et à réfléchir à leur bonheur. Dites-vous que leur joie, leur liberté et leur bonheur se propagent également dans votre cœur. Sentez-vous libéré et confiant, ayez conscience que ce que vous voyez en eux coule aussi en vous-même. Lorsque vous vous sentirez relaxé et revigoré, versez l'eau sur la terre (l'encre n'est pas toxique) et laissez votre vie s'imprégner de joie pure et désintéressée.

11.

EMBRASEMENT

Tout est dans votre tête

⁂

Vous réfléchissez trop. La friction et la résistance dans vos circuits cérébraux vous font penser, à tort, que la souffrance et la tension se trouvent dans le monde autour de vous, alors que c'est dans votre tête. La bonne nouvelle est qu'il suffit d'une étincelle de confiance pour court-circuiter la résistance née de la friction avec le monde.

Si vous tirez la carte Embrasement, cela signifie que vous devez fermer les yeux, inspirer profondément, et reconnaître que la seule chose qui se trouve en travers de votre chemin, c'est vous-même. La lumière d'un esprit occupé peut être belle, mais, pour révéler ses plus belles réussites, il est essentiel d'avoir des moments d'obscurité et de repos. Après tout, on ne peut voir les étoiles que dans l'obscurité. Oubliez vos inquiétudes et vos peurs un moment, sans réserve, et laissez le monde s'équilibrer autour de vous. La femme représentée sur la carte Embrasement est sur ses gardes, mais réalise qu'elle ne peut pas continuer ainsi. Les larges feuilles qui poussent autour d'elle la protègent et la réconfortent alors qu'elle brise lentement son emprise mentale… et calme son esprit, l'emplissant de pensée claire et de profonde lucidité.

Rituel : « Élimination du conflit »

Avec un crayon à papier, écrivez sur une feuille toutes les pensées désagréables qui encombrent votre esprit. Écrivez aussi vite et mal que vous le souhaitez, ça n'a pas d'importance si c'est illisible ! Lorsque vous en aurez couché autant que possible sur le papier, effacez vos pensées lentement et méthodiquement avec une gomme. Récupérez les éclats de gomme et jetez-les dans l'évier avant de faire couler l'eau, ou enterrez-les. Brûlez la feuille de papier pour effacer complètement le stress, la peur et la tension, et engagez-vous dans le reste de votre vie avec un esprit clair et tranquille.

12.

SORTILÈGE

Ne bougez pas et laissez l'ennemi se révéler

⁂

Ne sous-estimez pas l'impact que vous avez. Si vous rencontrez de la résistance et vous sentez frustré ou en colère à cause de ça, ne succombez pas au sentiment d'impuissance – c'est tout l'inverse.

La femme de la carte Sortilège a la tête haute et l'air calme. Elle semble être en plein repos contemplatif et, de cette position détendue et non-réactive, elle peut plus facilement voir, ressentir et être bien informée. Comme elle, soyez alerte, mais protégez votre cœur, vos opinions – et masquez vos sentiments. Résistez à l'envie de vous déchaîner et d'attaquer. Restez fort, silencieux, et laissez l'ennemi se révéler de lui-même.

Le soleil se lève sur l'horizon du ciel obscur, les périls de la nuit s'éloignent, mais il y a du travail à fournir pour restaurer l'équilibre. Le vent du changement souffle dans les cheveux de la jeune femme et pousse les nuages noirs à s'éloigner de la vallée, les dissipant pour montrer le chemin à parcourir.

Si vous tirez cette carte avec Eunoia, c'est que vous êtes sur le point de livrer une bataille contre l'ignorance et la cruauté, et qu'il est temps que chacun soit tenu responsable. Mais souvenez-vous que, lorsque vous pointez quelqu'un du doigt, trois doigts sont en retour pointés sur vous. Avant de juger les autres et de les punir, réfléchissez à la façon dont vous êtes perçu, reflété dans leur miroir. Si vous avez assez de courage pour les affronter, en avez-vous assez pour vous affronter vous-même en premier ?

Rituel : « Glace noire enchantée »

Pour geler l'effet de ceux qui veulent vous faire du mal, ou à autrui, créez cette glace noire enchantée. Dans un bocal en verre, versez de l'eau de pluie que vous aurez collectée vous-même ou, si ce n'est pas possible, que vous aurez prise d'une source naturelle non polluée. En dernier recours vous pouvez utiliser de l'eau de source en bouteille, mais il est préférable de collecter l'eau vous-même. Remplissez le bocal aux trois quarts. À l'aide d'un compte-gouttes, faites tomber neuf gouttes d'encre de Chine dans l'eau et mélangez avec un couteau jusqu'à ce que l'eau soit noire.

En mélangeant, répétez à voix haute le nom de la personne, ou décrivez la situation, que vous souhaitez tenir responsable et entraver, arrêter ou empêcher. Lorsque l'eau est complètement noire, fermez le bocal avec son couvercle et placez-le dans votre congélateur. Les particules de carbone présentes dans l'encre ont la capacité d'enchaîner. L'eau pure, une fois changée en glace, bloque et empêche la personne ou la situation de causer davantage de tort. Gardez cette glace noire pendant minimum trois semaines ou jusqu'à la prochaine pleine lune. Lorsque vous serez prêt à débloquer la situation pour qu'elle évolue positivement, sortez le bocal du congélateur et placez-le dans la lumière matinale. Laissez la glace noire fondre. Une fois qu'elle est liquide, versez-la sur la terre. L'encre de Chine est faite de suie et n'est pas toxique. Une fois enterrée dans le sol, toute négativité est éliminée et l'énergie est transformée.

13.

LIBÉRATION

Libérez-vous

*

La carte Libération représente la codépendance. Elle vous encourage à vous libérer des personnes toxiques qui se sont peut-être montrées douces et séduisantes par le passé, mais vous font désormais suffoquer.

La femme représentée sur la carte Libération s'est un jour laissé séduire par la douce étreinte du cygne… mais, dorénavant, son regard mortel signifie que toute vie a disparu et qu'elle est piégée dans un étau venimeux qui écrase son essence. Vous devez vous débarrasser des tentacules enroulés autour de vous – qu'ils appartiennent à des amants, des membres de votre famille... toute personne ayant accès à votre intimité. Identifiez qui vous tire vers le haut et qui vous tire vers le bas. Les tentacules pourraient également appartenir à un emploi ou à un milieu éducatif – si vous tirez la carte Libération, c'est qu'il est temps de passer à autre chose. Dans une situation de codépendance, souvenez-vous que vous êtes accrochés l'un à l'autre. Ainsi, vous pensez peut-être que vous « devez » à l'autre de rester et de continuer, mais la carte Libération vous rappelle que vous n'êtes pas le seul à être retenu en arrière : l'autre personne l'est aussi. Agissez et libérez-vous... ainsi que l'autre personne.

Rituel : « La poupée attachée »

Pour invoquer la libération dans votre vie, passer de la stagnation à la liberté, prenez une poupée et enroulez-la dans de la corde ou de la laine rouge de nombreuses fois, jusqu'à ce que ses bras et ses jambes soient attachés. Chaque matin, réfléchissez à ce dont vous désirez vous libérer, et défaites deux tours de ses liens. Faites cela tous les jours jusqu'à ce que la poupée soit complètement détachée. À ce moment-là, vous serez libre, vous aussi.

14.

LOVARIA

Laissez grandir l'amour

✻

La carte Lovaria apparaît lorsqu'une expression d'amour saine s'est transformée en obsession pour l'amour ou, plus particulièrement, en une idée qui n'est pas de l'amour. Les squelettes de vos attentes limitent votre expérience de l'amour. Laissez partir votre attachement à ce qui était, et laissez une nouvelle conception de l'amour évoluer dans votre cœur et votre esprit.

L'étreinte des amoureux peut sembler pleine de tendresse, mais ils sont piégés par des plantes grimpantes qui les enchaînent l'un à l'autre dans une posture fixe empêchant toute croissance. Il est important de vous souvenir que votre compagnon ou votre compagne n'est qu'une personne, comme le montre le crâne humain sur l'image. Il ou elle n'est pas un dieu ou une déesse, et, par conséquent, vous ne devez pas le ou la vénérer. Appréciez qui il ou elle est. L'amour est beau sous toutes ses formes, mais la passion et l'entichement extrêmes ne peuvent pas durer. Il faut trouver un équilibre dans l'amour.

Que vous soyez dans une relation amoureuse ou non, que vous ayez une famille ou non, que vous ayez des amis ou non, vous devez réévaluer ce que représente l'amour dans votre vie, comment vous l'exprimez et, ainsi, comment vous le vivez. Faites preuve de courage – si vous voulez trouver quelqu'un de gentil et aimant, vous devez être gentil et aimant, vous aussi. Si vous désirez une personne stable souhaitant s'engager dans une relation saine et positive, alors vous devez également incarner ces qualités.

Tirée avec la carte Sorcière, la carte Lovaria représente les âmes sœurs. Si vous vous demandez si l'objet de vos désirs est le meilleur reflet de vous-même, la carte Sorcière vous répond que oui. Cela peut être n'importe qui ou quoi avec lequel vous souhaitez connaître l'amour : un ou une amante, un emploi, un chez-soi, des vacances, un animal de compagnie…

Rituel : « Les plantes de l'amour »

Pour sceller votre engagement envers l'amour, il vous faudra une vieille horloge à ressort et des branches de lierre ou de jasmin – en effet, n'importe quelle plante grimpante souple peut faire l'affaire pour vous assurer que l'amour reste présent, du moment que vous l'enroulez autour de l'horloge tout en réfléchissant à l'expression inconditionnelle de l'amour. Vous pouvez aussi enrouler les plantes autour d'un cadre contenant une photo de l'être aimé. Il s'agit d'un charme d'amour qui liera la personne à vous tant que les feuilles seront vertes. Utilisez ce temps pour laisser s'épanouir un amour sain. Lorsque les feuilles s'assombriront, déroulez-les en prononçant les mots : « Que cet amour grandisse. » Ce rituel d'amour peut être répété.

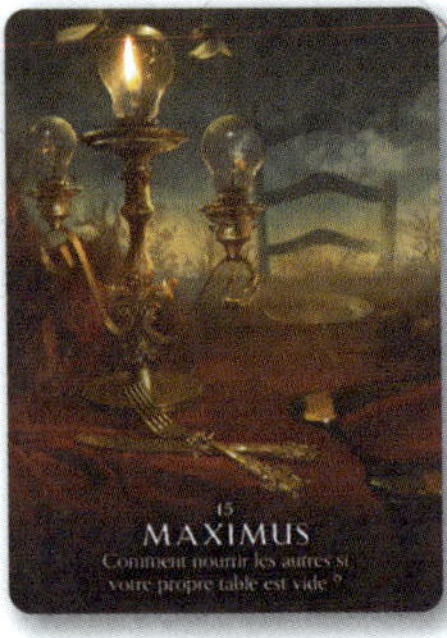

15.

MAXIMUS

Comment nourrir les autres si votre propre table est vide ?

⁂

Vous avez tout donné et, contre toute attente, cela ne suffit pas – vous devez vous nourrir davantage. Vous vous êtes épuisé et votre force vitale diminue.

Comment nourrir les autres si votre propre table est vide ?

Une nouvelle idée attend d'être cultivée, comme le montre la flamme dans l'ampoule. Ou le moment est peut-être arrivé de développer cette idée que vous avez depuis un certain temps… Les papillons de nuit commencent à se rassembler et, aussi jolis soient-ils, ils vont petit à petit masquer votre lumière. Vous devez vous nourrir vous-même pour cultiver et récolter les fruits de votre travail. Arrêtez de faire attention aux autres et au rôle que vous jouez dans leur vie. Cultivez votre propre terre – réservez-vous ce que vous récoltez. Sur l'image, la table est dressée d'argenterie posée sur une nappe rouge sang – cette dernière représente votre sang, votre force vitale qui diminue. Rattrapez-la maintenant et remplissez-en votre verre. À quoi bon avoir de si belles choses si on ne les utilise pas ?

Rituel : « Le dîner sacré »

Mettez la table en faisant appel au meilleur de votre créativité. Nourrissez votre corps de mets de qualité, de goûts et de textures sensuels. Mangez seul. Sur une feuille blanche, écrivez à l'encre rouge toutes les pensées créatives et enrichissantes qui vous traversent l'esprit.

Votre repas terminé, pliez votre feuille en deux et pressez-y vos lèvres comme s'il s'agissait d'une serviette. Les idées inscrites s'enracineront ainsi dans le chaudron fertile de votre être.

16.

MERAK

Embrassez votre unité avec l'Univers

⁂

Vous dépêchez-vous de vivre votre vie, en quête perpétuelle d'accomplissements et d'acquisitions ? Tirer la carte Merak est un signe que vous devez respirer profondément et ralentir – pensez à toutes ces petites choses simples et heureuses qui vous entourent, et auxquelles vous ne faites pas attention lorsque vous essayez d'atteindre vos plus gros objectifs et de satisfaire vos plus grandes attentes… vous faisant vous sentir de plus en plus laissé-pour-compte, frustré et découragé.

La femme représentée sur la carte Merak s'est levée de son bureau et est sortie de la cuisine, s'éloignant ainsi des attentes d'autrui… Elle a choisi de marcher, non de conduire. Elle progresse à pas légers pour pleinement ressentir et remarquer toutes les choses minuscules qui l'entourent. Son cœur s'emplit d'une sensation de bonheur intense. À ses pieds poussent de succulentes baies et des fleurs subtilement parfumées – le monde autour d'elle gonfle de plaisir, voyant qu'on le remarque et l'apprécie.

Avancez à pas légers dans le monde et soyez reconnaissant pour ce que vous avez. Remarquez les petites choses – les réponses que vous cherchez se trouvent dans les petites victoires et les petits plaisirs du quotidien, et dans votre volonté de ne faire qu'un avec l'Univers. Soyez conscient que votre rôle et votre place dans le monde sont aussi essentiels que ceux de tous les autres et de tout le reste.

Rituel : « Promenade »

Partez pour une promenade sacrée sans destination particulière. Sortez et allez-y, tout simplement. Portez des vêtements simples et, si possible, marchez pieds nus sur une surface naturelle, comme du sable ou de l'herbe. Laissez votre téléphone portable chez vous. Marchez sans but, sans attente particulière, et laissez le monde qui vous entoure se révéler à vous dans tous ses détails. Si vous faites ce genre de promenade régulièrement, votre énergie se retrouvera alignée à votre raison d'être et un espace sera créé autour de vous, subtilement et sans effort, pour que les événements s'alignent de façon harmonieuse. Les émotions brutes se trouveront apaisées, permettant au promeneur de ressentir un bonheur guérisseur.

17.

MINIMUS

Communiez avec la Source

⁜

La nature détient toutes les réponses. La Sorcière la plus sage sait qu'elle obtiendra les réponses à ses questions en se plongeant sans réserve dans la nature. Comme la femme représentée sur la carte Minimus, qui fusionne avec la forêt, fondez-vous dans la Source. Mettez de côté vos « affaires », vos attachements, et ne faites qu'un avec la nature – il est temps de communier à nouveau avec votre moi brut, authentique, tel qu'il était lorsque vous avez commencé à exister… et tel qu'il sera lorsque vous atteindrez le prochain niveau d'existence.

La femme sur la carte Minimus plonge ses doigts dans le puits de l'inspiration universelle. Cette carte est celle de la méditation. Elle est également soumise à l'interprétation : la femme entre-t-elle dans l'eau ou en émerge-t-elle ? Si vous tirez cette carte lors d'une période de solitude, elle vous indique que vous devez sortir de la forêt sombre et réparatrice pour refaire surface dans la lumière et partager votre éclat. À l'inverse, si vous tirez cette carte au cours d'une période d'activité et de visibilité intense, vous devez vous retirer dans l'ombre.

Rituel : « Méditation de l'arbre »

Choisissez un bel arbre à l'abri des regards. En costume d'Adam (nu), asseyez-vous sur une serviette pliée ou sur un coussin de manière à être confortablement installé et à pouvoir vous détendre complètement, avec votre dos appuyé contre l'arbre. Fermez les yeux et respirez profondément pour que votre esprit s'apaise et entre dans un état de méditation. Prêtez attention aux pensées et aux images que l'arbre partage avec vous. Lorsque vous aurez terminé, tracez votre nom dans la terre au pied de l'arbre en guise de reconnaissance.

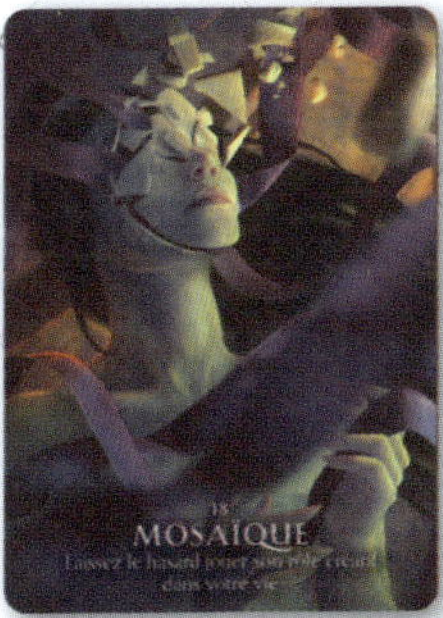

18.

MOSAÏQUE

Laissez le hasard jouer son rôle créatif dans votre vie

⁜

Soyez sûr que tout est exactement comme cela doit être. Si vous tirez la carte Mosaïque, cela signifie que vous avez essayé de micro-gérer votre vie et que votre vision limite les dons et le potentiel que l'Univers attend de mettre à votre disposition.

Il est temps pour vous de dire « je ne sais pas » et de vous libérer des règles et des conditions que vous vous êtes imposées… et avez imposées aux autres personnes, lieux, et choses. Souvenez-vous qu'il n'existe pas de « bonne façon » d'être ou d'évoluer pour les choses et les événements. Vous devez *savoir que vous ne savez pas*, et que c'est une bonne chose, que c'est essentiel pour que le prochain chapitre de votre existence commence. Le hasard et la surprise sont des éléments créatifs essentiels à la mosaïque unique qu'est votre vie.

Libérez-vous des stéréotypes et des idées rigides qui dictent votre vie, comment vous devriez vous sentir… et ce que les autres, lieux et choses devraient être ou ne pas être.

Regardez la femme sur la carte Mosaïque – son masque se brise en mille morceaux tandis qu'elle se libère des schémas traditionnels et de ses anciennes peurs. La couleur mauve indique la sagesse et la paix à l'état pur, illuminant chaque parcelle de son corps. Elle relâche son contrôle sur sa vie et passe ses mains dans des rubans d'énergie qui s'entrelacent autour d'elle. Les morceaux de son masque s'accrochent au tissu et forment un magnifique motif de mosaïque. Cette nouvelle étoffe faite de pur potentiel s'enroule autour de son corps nu, et sa vie connaît un nouveau départ.

Tout comme cette femme, vous êtes libre de vous débarrasser des peurs qui vous entravent.

Laissez votre vie vous surprendre et vous émerveiller, et appréciez le formidable potentiel d'un enchaînement d'événements que vous n'auriez jamais pu prévoir ou organiser.

Rituel : « Tableau de visualisation »

Faites-vous un tableau de visualisation composé d'images d'aventures, d'événements, de lieux et de personnes incarnant vos rêves et vos objectifs. Évitez de le créer sur un support numérique, préférez plutôt la façon plus « organique » : découpez les images dans des magazines ou prenez vos propres photos, puis collez-les sur du papier ou du carton.

Lorsque vous avez terminé votre tableau, retournez-le pour ne pas voir les images, et découpez-le en morceaux de différentes formes. Croyez en la réalisation future de ces choses, mais cessez de vous préoccuper du « comment » et du « quand ».

Placez les morceaux de papier dans un sac en tissu ou en papier, et ajoutez-y une mèche de vos cheveux.

Secouez légèrement le sac et prononcez cette incantation : « Avec confiance, j'abandonne mes attentes et offre ce carburant pour l'inspiration divine. »

Après 12 pleines lunes, vous pourrez ouvrir le sac et réassembler les morceaux. Vous pourrez constater que vos objectifs ont été atteints d'une manière que vous n'auriez jamais pu imaginer.

19.

NAZ

Sentez-vous aimé et fier

⁂

Cette carte représente la fierté qui accompagne le sentiment d'être aimé. Quoi qu'il arrive, vous êtes chéri et essentiel. Vous serez toujours aimé par l'Univers, par le dieu/la déesse de votre choix, et par la Création. Vous êtes aimé.

La jeune femme représentée sur la carte tient un oiseau empli de fierté et d'assurance, la tête haute. Il est entouré d'un nid de cristal, et les mains de la jeune femme se gardent bien de déranger cet équilibre parfait de liberté enrichissante. Les tons bleus de sa robe expriment l'énergie de l'amour dans un profond sens de soutien inconditionnel. Quoi qu'il advienne dans le flot quotidien de l'existence physique, depuis votre naissance, vous êtes aimé, vous êtes soutenu, vous êtes voulu. Vous faites partie de l'expression universelle de la vie – son plus bel accomplissement, sa plus grande fierté, sa plus grande joie. Soyez fier d'être qui vous êtes – un miracle.

Rituel : « Cérémonie de fierté d'être aimé »

Sur une feuille de papier, faites une liste des personnes qui vous aiment et écrivez pourquoi elles vous aiment. Au verso de votre feuille, écrivez pourquoi vous les aimez.

Créez un autel d'honneur et placez-y des photos des personnes que vous aimez, ainsi que des objets qui vous les rappellent et les célèbrent. En honorant leur présence, vous deviendrez un reflet de votre intention et, ainsi, vous serez béni. Allumez des bougies et de l'encens pour consacrer cet espace, et gardez cet autel en place jusqu'à la prochaine pleine lune pour vous rappeler que vous êtes aimé et essentiel.

20.

OUBLI

Ouvrez les bras

⁂

Êtes-vous aveugle aux dons qui vous entourent ? Avez-vous tendance à vous tirer des balles dans le pied ? L'introspection morose et les émotions douloureuses peuvent avoir une certaine beauté et même une utilité, mais cela peut mal tourner si vous laissez ces émotions se dégrader et se transformer en apitoiement et en martyre.

Les fleurs attendent que vous soyez prêt, mais ne les laissez pas faner. Ne laissez pas autrui savoir ce qu'il se passe dans votre tête, vous devez sauver les apparences. Le monde autour de vous est rempli de beauté et de dons, mais vous leur tournez le dos. Faites preuve de courage et résistez à la tentation de vous apitoyer, évitez de vous complaire dans votre tristesse. Vous vous êtes déjà infligé suffisamment de douleur.

La femme sur la carte se tient debout dans l'eau, ses émotions se manifestant physiquement. L'eau reflète la lumière de la lune, mais elle reste stagnante. Elle a besoin de bouger, de tourbillonner. Les bras de la femme sont croisés, comme un signe de résistance : elle ferme la porte à la paix et à l'accomplissement, elle les convoite désespérément mais se les interdit. Les pétales commencent à s'envoler, emportés par le vent. Ne ratez pas votre chance juste parce que vous vous apitoyez sur vous-même. Ouvrez les bras et saisissez les dons qui vous attendent. Tournez votre visage face au soleil et laissez les ombres derrière vous.

Rituel : « Face au soleil »

Réveillez-vous juste avant le lever du soleil et allumez une bougie pour guider le soleil vers le ciel, tout en vous tenant prêt à le regarder se lever. Laissez-le illuminer vos propres ténèbres. Pendant que le soleil réchauffe votre visage, comprenez qu'il est temps pour vous d'émerger de l'obscurité et de voir toutes les choses magnifiques qui attendent seulement que vous les remarquiez.

Lorsque le soleil se sera élevé au-dessus de l'horizon, éteignez la flamme et gardez la bougie. Allumez-la chaque matin jusqu'à la prochaine pleine lune, ainsi le soleil continuera de vous guider dans la prochaine aventure de votre vie.

21.

OPULENCE

Commencez à diriger

*

Il faut une grande sagesse pour suivre le mouvement de la vie, choisir les combats et les conflits dans lesquels on s'embarque, et accepter le changement intelligemment et paisiblement. Cependant, il faut aussi parfois savoir asseoir son autorité et faire confiance à sa sagesse ainsi qu'à son aptitude à diriger. Des personnes et des situations ont désormais besoin que vous les guidiez. Portez fièrement vos réussites et vos atouts, vous les avez bien mérités. Vous devez être une lumière pour que les autres puissent vous suivre. La femme sur la carte Opulence porte une somptueuse couronne dorée représentant le commandement. Celle-ci émet une lueur éclatante évoquant l'éveil spirituel ainsi que l'accomplissement concret. Dans cette position glorifiée, vous avez la possibilité d'être un dirigeant sage et d'aider autrui. Tout comme le bonheur n'est réel que lorsqu'il est partagé, le fait d'être glorifié n'est important que s'il permet d'aider autrui.

Rituel : « La lumière directrice »

Faites une liste de ce que vous pensez être vos meilleures qualités et vos plus belles réussites. Ensuite, demandez à quelqu'un qui vous connaît bien de faire la même chose à votre sujet. Enfin, demandez à un inconnu ce qui, à son avis, pourrait être une qualité utile et positive chez vous.

Lorsque vous aurez les trois listes, placez-les sous une bougie froide et faites-la brûler toute la nuit avec l'intention de faire briller votre lumière sur tous les endroits sombres qui en ont besoin. Bientôt apparaîtra une occasion pour vous de briller. Intervenez, portez-vous volontaire. Vous remplissez ainsi la chambre forte karmique de votre banque personnelle et de plus vous canalisez une expression universelle et divine.

22.

ORENDA

Honorez votre force mystique et créatrice

*

Chaque personne possède une force mystique qui lui donne le pouvoir de changer le monde ainsi que sa propre vie. Si vous tirez la carte Orenda, cela signifie que vous devez faire un sacrifice pour passer à la prochaine expression créative de vous-même. La jeune femme de l'illustration réfléchit à son rôle dans la création (la graine, l'oiseau, l'éducation, la libération) : à la fois à sa capacité à procréer et à sa décision d'exprimer sa force créatrice dans les relations, la musique, l'art et la cuisine.

Elle est assise, baignant dans la lumière de la pleine lune, ses pouvoirs mystiques se reflétant loin dans le passé et loin dans le futur. Le serpent sacré émerge des cheveux tressés de la jeune femme, dont le sang lui est offert en sacrifice. Il s'agit de la danse sacrée de la création, destinée à donner la vie et, en retour, à voir une partie de la sienne enlevée, transférée, transformée.

Cette carte incarne la Déesse ancienne comme on la représentait dans le jardin d'Éden : sous la forme d'un serpent primaire et omniscient, le détenteur de la sagesse. Si une femme désirant fonder une famille tire cette carte, cette dernière lui conférera grossesse et fécondité. La carte Orenda est liée à tous les cycles féminins sacrés – la transition de jeune fille à mère, à vieille femme –, les dotant d'un caractère divin et leur donnant une valeur et une beauté égales.

Rituel : « Magie du nœud/du crochet »

Tissez ensemble des fils de laine ou de coton – des fils naturels de couleur rouge, orange et jaune. Utilisez la méthode qui vous parle le plus : le crochet, le tricot ou le nœud. Ajoutez des mèches de vos propres cheveux dans ce tissage. Ensuite, gardez-le sur vous pour une bénédiction de fertilité dans votre corps, votre vie et votre âme.

23.

PANACÉE

Tout problème a sa solution

⁂

Lorsqu'une situation, une personne ou autre chose semble vous faire obstacle et vous tirer vers le bas, il existe en même temps une opportunité bienfaitrice de trouver une solution et de faire renaître la situation. La jeune femme représentée sur la carte est en lévitation, ses pieds ne touchant même pas le sol. Cette image illustre le fait que les événements qui se produisent quotidiennement dans le grand ordre de sa vie ne la tirent aucunement vers le bas.

La corde attachée à une pierre et à l'une de ses jambes la ralentit peut-être, mais, simultanément, le serpent (un symbole historique de la déesse) enroulé autour de son autre pied lui redonne la vie. Lorsque vous tirez la carte Panacée, prenez-le comme un signe que vous devez laisser une situation se transformer et renaître – voire attendez-vous à ce que cela se produise. Pourquoi ne pas vous baisser et défaire le nœud vous-même ? Est-il desserré ? Pourquoi garder cette impression d'être tiré vers le bas ? Pourquoi contenir votre propre magnificence ? Lorsque l'on se sent limité par les circonstances, l'important est d'envisager que l'on ait peut-être simplement peur du changement – ou d'être tout ce que l'on pourrait être.

Cette carte représente également les limitations bien réelles de la mentalité et du système patriarcaux, ainsi que la manière dont la déesse s'élève, comme le montre le fait que le pied le plus haut soit celui où se trouve le serpent. Passez au-dessus des querelles mesquines et des situations qui mettent à mal le féminin sacré. Honorez le féminin sacré dans votre vie.

Les fleurs bleu indigo évoquent la sagesse éternelle – la sagesse dont est doté un nouveau-né avant de l'oublier. Simplifiez les choses : souvenez-vous que vous êtes né avec la connaissance. Laissez votre vie croître – vous devez désormais oublier vos peurs et vous lancer dans la prochaine aventure.

Rituel : « L'éclosion »

Sur trois feuilles de papier différentes, écrivez trois choix ou trois issues possibles à votre situation. Pliez les feuilles et, à l'aide d'une corde ou d'un ruban blanc, attachez chacune d'elles à un bouton de fleur d'une plante en pot ou d'une plante d'extérieur.

Laissez une offrande au Féminin sacré : un cristal enfoncé dans la terre à la base de la plante. Ensuite, arrosez-la.

Le premier bouton à éclore sera votre réponse. Lisez la feuille de papier liée à cette fleur, ensuite, retirez le papier et le ruban/la corde, puis coupez la fleur éclose. Placez-la dans un vase sur votre autel, avec le papier correspondant en dessous. Faites ce que vous savez devoir faire. Attendez-vous à ce que la situation soit complètement transformée d'ici à la prochaine pleine lune.

24.

PARADISIAQUE

Votre place est au paradis

⁂

Faites confiance à votre déesse intérieure et attendez-vous au meilleur – car c'est ce que vous allez attirer. Il est temps de vous détendre et de profiter de votre propre épanouissement. L'« amour de soi » est une expression populaire qu'il vaut toujours la peine d'explorer profondément. Explorer l'amour de soi inconditionnel est encore plus gratifiant.

La femme représentée sur la carte Paradisiaque a cessé de se battre contre elle-même – les pétales blancs subtilement parfumés qui entourent son visage représentent ses drapeaux blancs. Enfin, elle s'aime et accepte sa déesse intérieure et sa beauté. Désormais, il vous revient de faire de même. Toute vie autour de vous se transforme en paradis. Ce dernier se trouve vraiment sur terre : dans vos bras… dans votre vie. Oui, enlacez votre propre cœur et savourez votre allégresse.

Tirer la carte Paradisiaque peut être le signe d'améliorations à venir dans votre confort et dans votre vie, cela peut refléter la facilité et la joie, et même la dissipation de la douleur. Des dons positifs se rassemblent autour de vous et vous apporteront un grand bonheur.

Rituel : « Paradis de l'amour de soi »

Laissez un miroir de poche à côté de votre lit. Chaque matin, pendant sept jours, regardez-vous dans le miroir à votre réveil et dites : « Je t'aime. Cette vie, c'est le paradis. » Si vous partagez votre lit avec quelqu'un d'autre, vous pouvez prononcer ces paroles en privé dans une autre pièce. Faites cela consciencieusement et soyez sûr de votre bonté et de votre beauté innées et, dans sept jours, les autres le seront aussi. Vous pouvez pratiquer ce rituel chaque jour pour un effet constant et de plus en plus bénéfique.

25.

PHÉNOMÈNE

Restez immobile et écoutez les esprits

⁂

Le moment est venu d'inviter vos ancêtres et des esprits pouvant vous guider, de communier avec eux… et d'écouter leurs conseils.

La femme représentée sur la carte Phénomène a sacrifié l'un de ses yeux pour obtenir la vision intérieure tandis qu'elle crée une passerelle entre le monde des vivants et celui des morts. Elle est entourée de lys blancs, la fleur sacrée de la mort. Cela indique que votre volonté et votre capacité à garder le silence pour écouter révéleront la beauté de votre situation.

Le chakra couronne et le chakra du troisième œil de la femme fusionnent dans un entrelacement de branches laiteuses qui inspirent la contemplation paisible. Ne craignez pas l'Autre Monde, descendez plutôt dans les ténèbres avec gratitude en ayant conscience que ceux qui y ont pénétré avant vous ont appris les leçons et les réponses que vous recherchez… et sont prêts à partager leurs connaissances et leur sagesse avec vous.

Rituel : « Dîner muet »

Pensez aux personnes décédées avec lesquelles vous aimeriez communier, et mettez le couvert pour chacune d'elles à votre table. Les esprits apprécient toujours les mets sucrés, alors servez des desserts et des friandises pour vos invités de l'Autre Monde. Dessinez un cercle sacré autour de votre tablée avec du sel gemme que vous verserez en suivant la trajectoire du soleil. Allumez des bougies rouges et noires sur la table, puis asseyez-vous. Accueillez vos convives en prononçant leur nom, puis cessez de parler. Mangez lentement et concentrez-vous sur les énergies des esprits que vous avez invités. Prêtez attention aux pensées et aux sons qui vous interpellent. Ce sont les messages de vos convives. Vous pouvez prendre des notes sur ces pensées et phénomènes pendant le dîner. Lorsque vous aurez terminé, levez-vous et créez un trou dans le cercle de sel pour que vos invités puissent s'en aller. Remerciez-les à voix haute. Videz la table et l'espace. Offrez la nourriture et la boisson aux dieux comme libations en versant le liquide sur le sol à l'extérieur et en laissant des miettes de la nourriture aux animaux.

Vous avez également la possibilité de garder la nourriture pour la consommer plus tard si vous le souhaitez. Elle est bénie.

26.

PROTECTION

Posez vos limites personnelles

⁂

Les limites… Il est temps de les poser. De petites zones de laideur vous empêchent de voir la beauté de votre environnement.

La femme qu'on voit sur la carte Protection s'accroche au moment présent, pourtant son dos couvert d'épines la protège des personnes négatives du monde extérieur. Elle n'est pas définie par ces épines, mais elle les garde à disposition. Si vous tirez cette carte, c'est que poser des limites numériques notamment par rapport aux réseaux sociaux revêt une importance particulière. Les personnes que vous avez laissées accéder à votre espace n'avaient peut-être pas votre intérêt à cœur. Protégez-vous.

Ne vous laissez pas atteindre par les idiots, ni endurcir par la cruauté d'autrui. Faites preuve de compassion envers leurs âmes meurtries – tout en posant des limites claires.

Ce n'est pas parce que d'autres se sont endurcis que vous devez vous endurcir aussi. Soyez sensible, mais fort.

Rituel : « Sigil de protection magique électronique »

Mélangez deux c. à. c. d'eau de pluie (ou d'eau de source en bouteille) avec une pincée de sel, trois gouttes d'huile essentielle de bois de santal et trois de lavande. Plongez l'index de la main que vous utilisez pour écrire dans la mixture, puis tracez une étoile à cinq branches (un pentagramme) au dos de votre Smartphone, tablette, ordinateur portable… tout ce qui constitue un lien entre vous et le monde hyperconnecté.

Soyez consciencieux en faisant cela et prononcez cette incantation : « Que les pouvoirs de protection me cachent, que les pouvoirs de la positivité me guident. »

Vous remarquerez bientôt une amélioration dans vos communications et vos interactions sur les réseaux sociaux. La vie est plus importante et satisfaisante lorsque l'on privilégie la qualité à la quantité.

27.

RÉSILIENCE

Laissez le passé partir en fumée

⁂

La femme représentée sur la carte Résilience semble détendue. Impassible, assise dans une pièce remplie de souvenirs, elle attise les flammes de son passé à ses pieds. Elle n'a pas peur de laisser derrière elle certains événements, idées, personnes et lieux qui la définissaient autrefois. Elle se sent bien dans cette pièce et ne compte pas la quitter – la fumée ne la dérange pas. Une branche de l'Arbre de Vie entre par la fenêtre ouverte pour la guider vers une sagesse et une clarté exacerbées. Tirer la carte Résilience signifie que vous devez alimenter le feu de votre passé en vous libérant de ce qui ne vous sert plus. Pour renaître comme le phénix, il est nécessaire de plonger dans les flammes. Profitez de la chaleur et de l'assurance que vous apporte la lumière du feu qui consume votre passé, bon ou mauvais – libérez-vous de ces souvenirs pour renaître avec Agni, la flamme intérieure.

Rituel : « Renaître de ses cendres »

Rassemblez des objets organiques, des vêtements, diverses choses qui représentent votre passé, que ces souvenirs soient bons ou mauvais. Il est temps de lâcher prise et d'en sortir grandi. Si vous le souhaitez, décrivez des événements passés, certains heureux et d'autres tristes. Pensez à tout ce que vous êtes prêt à laisser derrière vous pour renaître de vos cendres et gagner en sagesse et en utilité pour le monde. Dans un espace sûr où vous ne serez pas dérangé, mettez le feu à ces objets. Vous pouvez jeter des poignées d'herbes sacrées séchées dans les flammes, comme de la sauge, de la lavande ou des feuilles d'eucalyptus. Laissez le tout brûler jusqu'à ce qu'il soit réduit en cendres. Méditez sur le feu et laissez les braises révéler les leçons que vous avez apprises. Ramassez les cendres et jetez-les dans une étendue d'eau naturelle ou déposez-les sur la terre pour qu'elles s'y dissolvent. Accomplir ce rituel transformera l'énergie et vous pourrez évoluer vers la prochaine meilleure version de vous-même.

28.

SACRIFICE

Que pouvez-vous laisser derrière vous ?

⁕

Avez-vous l'impression d'être coincé dans l'obscurité ?

Avez-vous l'impression d'être enterré ? Redéfinissez vos pensées pour comprendre que vous n'êtes pas enterré mais *planté*. Le moment arrivera bientôt pour vous de fleurir – d'être conscient et de savoir – mais, pour l'instant, vous devez ne faire qu'un avec l'obscurité pour grandir.

La jeune femme a sacrifié son ego pour son Moi primaire – sa colonne vertébrale reptilienne émerge de sa glande pinéale et s'enfonce dans les profondeurs de la terre. La jeune femme se retrouve ainsi enracinée dans la sombre étreinte de la Mère, plongée dans la source de Gaia. Est-elle en train d'émerger de la terre ou d'y plonger ? Ces deux possibilités se valent. D'un côté, elle est plantée, et, de l'autre, en pleine éclosion.

Tirer cette carte signifie que vous devez réfléchir à ce que vous êtes prêt à sacrifier, à laisser derrière vous. Qu'êtes-vous prêt à recycler chez vous, chez les autres, les lieux et les choses qui vous entourent, dans le but de vous enrichir et de grandir ? Plus le sacrifice est difficile… et plus vous en sortirez grandi.

Rituel : « Le grand silence »

Ne parlez pas pendant une journée entière afin de pouvoir réellement entendre. Le matin, allumez une bougie, observez la flamme pendant quelques minutes et respirez lentement pour détendre votre esprit. Quand vous êtes prêt à commencer, respirez profondément et dites : « Dieu/ Déesse/ Univers, je vous offre mon sacrifice », puis éteignez la flamme avec vos doigts. Votre grand silence a commencé. Si nécessaire, vous pouvez écrire des notes sur du papier pendant la journée, mais n'écrivez ni SMS ni e-mails. La plantation doit s'effectuer dans le monde physique, pas dans le monde virtuel. Ne pas pouvoir immédiatement exprimer vos pensées, vos opinions et vos sentiments à l'oral ou par écrit vous force à réellement écouter et voir ce qu'il se passe autour de vous. C'est comparable à être planté : vous restez immobile afin d'apprendre et de grandir. Avant de vous coucher, rallumez la bougie. Pendant que la flamme se forme, ouvrez la bouche et laissez échapper une grosse respiration bruyante. Vos premiers mots pour briser l'imposant silence peuvent être : « Merci, dieu/déesse/ Univers, d'accepter mon sacrifice. » Éteignez la bougie lorsque vous êtes prêt à vous endormir.

29.

SAMADHI

Acceptation parfaite

*

La femme représentée sur la carte Samadhi ne se laisse distraire ni par les épines tranchantes ni par la beauté des fleurs et des perles de vie qui s'amassent autour d'elle. Elle est paisible et profondément en phase avec l'essence de l'harmonie et de l'acceptation.

Le Samadhi nous apprend que, lorsque l'on abandonne l'idée de trouver la perfection, la vie devient soudainement parfaite. Dites-vous que votre vie actuelle n'est que le reflet de votre conscience. Tout est exactement comme c'était hier – c'est votre attitude qui a changé… pour le meilleur ou pour le pire, car, lorsque vous tentez de résister, les choses ont tendance à persister. Cependant, avec le Samadhi, il n'existe pas de « meilleur » ou de « pire ». Tout *est,* tout simplement. Il fait bon d'*être* dans ce bel endroit. Permettez-vous cette gentillesse et adoptez le Samadhi. Tout se mettra en place autour de vous dans le moment présent, c'est inévitable. Admettez que chaque personne, chaque chose, chaque situation soit exactement telle qu'elle doit être actuellement.

Rituel : « Félicité intentionnelle »

La méditation Samadhi ne demande aucun effort, elle repose sur la respiration et la récitation d'un mantra – créant un état de conscience silencieux et profond. Couchez-vous ou asseyez-vous le dos droit dans un lieu confortable et paisible. Choisissez le mot unique qui vous servira de mantra. Respirez profondément, puis scandez silencieusement votre mantra. Par exemple, le mot « tranquillité » devrait être prononcé ainsi : « traaaan… quiiil… liiii… téééé… ». Découpez votre mot en syllabes que vous prononcerez à chaque exhalation.

Vous allez entrer dans un état de conscience plus profond que la source de vos pensées – un état au-delà de l'éveil, du rêve et du sommeil. Accomplir ce rituel vous connectera à un réservoir illimité d'énergie, de créativité et d'intelligence, de félicité intentionnelle et d'apaisement insondable dans le moment présent.

30.

SÉRENDIPITÉ

Suivez le courant

⁂

Prenez conscience que les opportunités sont partout autour de vous. Suivez le cours naturel de la vie ; faites-lui confiance dans sa lumière comme dans ses ténèbres. Ce sont elles qui vous amènent jusqu'ici. Vous ne le savez peut-être pas, mais l'opportunité vous sourit en ce moment même – croyez en vos efforts et sachez reconnaître la sérendipité qui se produit autour de vous.

Cela signifie que vous êtes là où vous êtes censé être, en train de faire ce que vous êtes censé faire. Soyez conscient de ce qui vous entoure et suivez votre voie. Les heureux hasards se forment autour de vous. La femme représentée sur la carte Sérendipité s'enfonce dans les feuilles de la vie, qui lui réservent un accueil enrichissant et abondant. Comme elles, elle grandit en abondance et opportunités – un nouveau potentiel apparaît. Tout arrive au bon moment et au bon endroit, exactement comme cela doit arriver.

Rituel : « Promenade talismanique »

Allez vous promener dans un environnement naturel et peu fréquenté. Au cours de cette promenade, formez des piles de pierres et entrelacez des feuilles et des branches à divers endroits en guise d'offrandes talismaniques au flux universel. Cela indiquera que vous ne faites qu'un avec lui et que vous prenez la direction qu'il a choisie spécialement pour vous.

31.

SOLITUDE

Seul, mais pas esseulé

*

À présent, l'introspection est la clé. Prenez du temps à l'écart des autres – les réponses se trouvent en vous.

Prenez soin de vous occuper de vous, de vous valoriser, d'être en accord avec vous-même. Faites-vous preuve de gentillesse à votre égard ? Ou êtes-vous dur et impatient ?

Être seul ne veut pas dire se sentir seul – c'est une occasion de faire une pause et de laisser la totalité de l'Univers vous étreindre chaleureusement. C'est avoir l'espace pour être embrassé par la vie.

Le papillon dépose son baiser sur l'épaule de la jeune femme comme un rappel qu'après une période sombre (une chrysalide des sens), une magnifique créature ailée émerge de son cocon, libre d'explorer et de s'émerveiller d'elle-même ainsi que d'autrui. Une nouvelle feuille jaillit du pouce de la femme. Dans le yoga, le pouce représente le feu et la conscience universelle. L'inspiration nouvelle et la motivation peuvent émerger des périodes de solitude paisible.

Rituel : « Auto-bénédiction élémentaire »

Cette auto-bénédiction invoque les quatre éléments physiques et les qualités contemplatives du crépuscule. Il est préférable d'en réaliser les étapes consécutivement pour que les éléments s'équilibrent entre eux… et avec vous-même.

Lorsque le soleil s'est couché mais qu'une douce lumière éclaire encore le ciel…

Allongez-vous sur une surface naturelle avec les yeux mi-clos et laissez votre esprit s'adoucir. Sentez-vous soutenu et enveloppé (terre).

Immergez-vous dans une étendue d'eau naturelle ou dans un bain (eau).

Laissez votre corps sécher à l'air libre en extérieur (air).

Réchauffez votre corps près d'un feu ouvert ou dans un cercle de bougies (feu).

32.

TANGIBILITÉ

Faites de vos rêves une réalité

*

Avez-vous la tête dans les nuages ? Avez-vous l'impression de flotter, d'être éphémère ? On apprécie mieux sa noble condition quand on a les pieds sur terre. Les animaux de la terre sont nos professeurs – quand nous sommes portés par la vie si longtemps que nous perdons toute direction pour ne garder que de la confusion, ce sont eux qui nous indiquent quelles actions concrètes entreprendre sur le plan physique.

Les animaux vivent une vie authentique et ne prétendent pas être autre chose que ce qu'ils sont. Réfléchissez aux qualités de plusieurs animaux – qu'est-ce qui vous attire au moment présent ? L'enseignement dont vous avez besoin et l'action qu'il vous faut entreprendre se trouvent dans la connexion que vous ressentez envers l'une de ces qualités : l'amour inconditionnel et la gaieté du chien, la mue du serpent qui renaît, le ronronnement sensuel du chat, la transformation du papillon… Pour obtenir les réponses que vous cherchez, vous devez vous connecter et communier avec les animaux. La femme représentée sur la carte Tangibilité apprend que ses rêves sont réalisables grâce à l'oiseau qui se pose sur sa couronne et aux papillons qui embrassent ses épaules. Les nuages de l'illusion se dispersent et elle peut voir ses rêves se réaliser en communiant avec ses compagnons animaliers.

Rituel : « Apprendre des animaux »

Rendez-vous dans un endroit où se trouvent des animaux. Si vous possédez un ou plusieurs animaux qui vous sont chers, partagez un espace paisible avec eux, regardez-les dans les yeux et écrivez ce qui vous vient, des pensées ou des actions. Pour stimuler davantage votre esprit créatif conscient, allez visiter un zoo dans lequel les animaux sont bien traités et dans lequel vous trouverez plusieurs espèces avec lesquelles interagir de façon positive et respectueuse. Demandez-leur de vous donner leur bénédiction et remerciez-les pour les leçons qu'ils vous enseignent. Prenez des notes sur les créatures qui vous parlent le plus et réfléchissez à la raison pour laquelle elles vous attirent. L'expérience tangible et viscérale que procure une interaction physique est préférable pour ce rituel, mais vous pouvez également regarder un documentaire à propos de différents animaux et prendre note de vos ressentis et impressions afin de discerner l'expression actuelle de votre âme. Si vous tirez cette carte avec la carte Sorcière, cela signifie qu'il est temps de vous trouver un « familier » : un compagnon animal qui facilite votre développement psychique et vous aide à accomplir vos rituels et/ou vos sortilèges.

33.

LUCIDITÉ

Aimez l'obscurité

⁂

Il est temps de pénétrer dans l'Autre Monde – cela fait trop longtemps que vous existez sur un plan superficiel, et il est nécessaire de trouver un équilibre. Soyez comme la déesse Perséphone, qui est descendue dans le monde souterrain… Dans le mythe patriarcal antique, on raconte qu'elle a été enlevée par Hadès, mais c'est faux. Une déesse aussi puissante ne pouvait pas être enlevée. Dans une société matriarcale, on raconterait plutôt qu'elle s'y est rendue de son plein gré et qu'elle a décidé de faire d'Hadès son partenaire.

La jeune femme représentée sur la carte Lucidité a les yeux fermés, comme le Fou dans le tarot traditionnel. Cette carte représente le début de la prochaine aventure magique de la vie. La jeune femme se libère, et son étalon-oiseau ailé se prépare à plonger dans la fissure qui s'ouvre devant eux dans la terre. Les branches de la forêt leur font signe de s'approcher.

Tirer la carte Lucidité signifie également que vous devez redéfinir vos propres paramètres – protéger votre sanctuaire et entreprendre de vous-même l'exploration de votre monde intérieur. Les plumes tombent, la main appelle. Empruntez ce chemin – cette carte vous encourage à tomber amoureux des ténèbres.

Rituel : « Descente vers le monde souterrain »

Réservez-vous un week-end ou une autre période de deux jours durant laquelle vous pourrez être seul sans être dérangé. Créez un sanctuaire ténébreux, littéralement, en gardant vos rideaux et vos stores fermés. Ne vous éclairez qu'à la bougie. Ne répondez pas au téléphone et n'envoyez ni SMS ni e-mails. Les réseaux sociaux n'existent pas. Dégustez les fruits du monde souterrain : des grenades, des dattes et autres mets sombres qui modifient le cours de vos pensées, par exemple du chocolat noir pour son effet euphorisant. Renseignez-vous à propos de déesses ténébreuses telles que Perséphone, Hécate, Kali… Laissez votre intuition vous guider vers les mythes, légendes et histoires vraies de femmes exceptionnelles ayant fait face au danger et à la controverse, et qui ont vécu des vies extraordinaires.

Apprenez de ces femmes. Lorsque vous émergerez de votre monde souterrain sacré, vous vous sentirez restauré et mieux équipé pour vivre avec détermination et engouement une fois de retour à la surface.

34.

UBUNTU

Compassion envers autrui

*

Et si vous étiez défini uniquement par votre compassion envers autrui et la bonté dont vous faites preuve ? À quoi votre vie ressemblerait-elle ?

Comment vous comporteriez-vous si votre Ubuntu (humanité) était la seule chose qu'on remarquait chez vous ?

Réfléchissez à la manière dont votre bienveillance pourrait s'étendre à d'autres espèces et créatures. Vous devez faire preuve d'empathie envers les autres et vous mettre à leur place. Pour le meilleur ou pour le pire.

La jeune fille de la carte transperce son propre œil avec la feuille et, ainsi, ouvre une fenêtre vers son âme et apprend des défis et des dons présents dans la vie des autres. Elle est paisible et songeuse : aucune douleur, seulement une plus grande compréhension et une plus grande sagesse. L'heure est venue de remarquer les difficultés des autres et de leur apporter de l'aide. L'écouter avec compassion et patience peut apaiser la souffrance d'une autre personne. Faites passer les besoins des autres avant les vôtres, comme vous aimeriez qu'ils le fassent si c'était vous qui aviez besoin d'aide.

Rituel : « Respect compatissant »

Partie I : cherchez trois histoires à propos d'individus ayant triomphé face à l'adversité. Prenez une douche purificatrice avec du gros sel marin. Le sel aidera à vous débarrasser de tout résidu d'énergie qui pourrait vous distraire. Au calme, lisez les histoires choisies et prenez des notes sur ce qui résonne particulièrement en vous dans le parcours des personnes décrites, et ce que vous pensez pouvoir en apprendre. Soyez reconnaissant pour ces informations.

Partie 2 : Faites du bénévolat dans un foyer pour personnes démunies, un refuge pour animaux ou un service d'assistance, pendant une durée qui vous semble juste, jusqu'à ce que l'équilibre soit restauré en vous et autour de vous.

35.

VERTIGO

Qu'importe votre choix, ce sera le bon

⁂

Quel luxe que de ne pas savoir quoi choisir ! Et, pourtant, alors que vous réfléchissez à la gamme vertigineuse de possibilités, une sensation d'inclinaison, de déséquilibre, paralyse vos actions. Que pouvez-vous faire ? Que *devriez-vous* faire ?

Voyez comme les clés sont droites ; chacune d'elles ouvre une porte menant vers des opportunités et des leçons. Toute action que vous choisirez d'entreprendre sera correcte, mais certaines leçons sont plus agréables que d'autres. Sur la carte Vertigo, une clé en particulier est très décorée et raffinée. Vous pensez peut-être devoir la saisir et ouvrir sa porte. La plus jolie ouvre sûrement la porte la plus favorable, non ? Attention : il ne faut pas vous fier aux apparences. Ainsi, même si aucune de vos décisions ne peut être mauvaise, ne vous précipitez pas vers le choix « évident ». La porte à laquelle personne ne s'attend est celle qui renferme les plus belles récompenses et les leçons les plus précieuses. Faites preuve de courage et traversez la porte la moins engageante.

Rituel : « Choix »

Déchirez une feuille de papier en carrés d'environ 2 × 2 cm et écrivez sur chacun d'eux les choix qui se présentent à vous.

Prenez deux récipients : un que vous étiquetterez « + » pour les aspects positifs de chaque choix, et un « – » pour les aspects négatifs de chaque choix.

Pliez vos carrés de papier et placez-les dans le récipient correspondant.

Chaque jour, pendant sept jours, prenez vos récipients pour observer le rituel du choix. Allumez une bougie pour calmer votre esprit et éveiller votre intuition. Selon ce que vous ressentez sur le moment, prenez un choix soit dans le bol positif, soit dans le bol négatif. Écrivez ce choix sur une feuille à part, puis repliez le morceau de papier et remettez-le dans son récipient.

Éteignez la bougie pour capturer la magie, puis ne pensez plus à votre choix avant le moment de réaliser à nouveau ce rituel. Le septième jour, choisissez vos derniers morceaux de papier et parcourez la liste des « choix » que vous avez faits pendant cette semaine de rituel. Votre choix final vous apparaîtra clairement et vous serez prêt à passer à l'action.

36.

SORCIÈRE

La magie que vous recherchez se trouve en vous, laissez-la déferler

⁂

Il s'agit de la carte porte-bonheur ! Si vous la tirez, cela signifie qu'un bonus va apparaître dans votre vie et que des événements et situations clés vont tourner à votre avantage. Souvenez-vous que la chance est la somme de la préparation et de l'opportunité. Avez-vous franchi toutes les étapes disponibles et fourni des efforts authentiques pour vous préparer à ce que vous convoitez ?

La Sorcière unit ses mains avec douceur au-dessus du croissant de lune – un puissant symbole de nouvelles opportunités et de nouveau potentiel. Ses mains en coupe laissent l'énergie s'écouler librement. Le corbeau est posé sur une branche, faisant une pause dans son périple depuis l'Autre Monde pour réfléchir à de nouvelles aventures. Des feuilles dorées poussent sur les branches, exprimant le réconfort et la beauté qui suivent une période d'abstention ou de perte. La Sorcière se connaît bien et ne craint ni son potentiel ni les opportunités de grandir et d'apprendre. À la lueur de la lune, elle avance volontairement vers le bord de la falaise et saute, consciente que le monde la rattrapera à sa manière et qu'elle atterrira exactement où il faut.

Rituel : « Méditation de magie »

Dans un environnement naturel, une nuit de lune en croissant, asseyez-vous confortablement sur un coussin ou un tapis au milieu d'un cercle de sept bougies rouges entourées d'un cercle plus large de sel non raffiné (des cristaux de sel de l'Himalaya, du sel gemme et des cristaux de sel amplifient l'effet et fonctionnent mieux pour ce rituel).

Respirez lentement tout en contemplant la lune et concentrez-vous sur les sensations subtiles que vous éprouvez – la brise sur votre peau, les sons de la nuit... Respirez profondément, et vous entendrez peut-être les battements de votre cœur. Prêtez attention aux sons autour de vous, qui se transforment petit à petit en symphonie mélodieuse pendant que vous vous fondez librement dans le monde naturel. Dans cet endroit sacré, soyez ouvert et conscient que le moment de vous épanouir dans la vie viendra... encore et encore. Vous êtes comme le bourgeon qui sait qu'il va éclore et révéler son potentiel luxuriant... jusqu'à avoir fait son temps. À ce moment-là, la plante mère (votre vie) donnera naissance à une nouvelle fleur, nourrie par celle qui l'a précédée.

Quand nous mourons, nous nourrissons le prochain cycle de la vie, tout comme les événements qui passent cultivent les suivants.

Lorsque vous aurez pleinement pris conscience de vos cycles de potentiel, ouvrez un passage dans le cercle de sel et soufflez sur les bougies pour les éteindre. Cela empêchera les obstacles de se mettre en travers de votre chemin vers votre meilleur potentiel magique.

Le futur est créé par les pas que nous faisons aujourd'hui.

*

À propos de l'autrice

⁂

L'Australienne Fiona Horne a commencé sa carrière dans l'industrie de la musique dans les années 1990 en tant que chanteuse du groupe électro-rock populaire Def FX, avant d'écrire plusieurs best-sellers à propos de la sorcellerie moderne, qui ont connu un succès international.

Elle a parallèlement mené une brillante carrière d'animatrice à la télévision et à la radio, et continue d'être invitée sur le plateau de nombreuses émissions dans le monde entier.

Aujourd'hui, Fiona travaille comme pilote professionnelle et met son temps et ses compétences de vol au service de l'aide humanitaire et du sauvetage d'animaux. Elle est également professeure de yoga et de spinning, danseuse de feu, et détient un record du monde en tant que parachutiste.

www.fionahorne.com

À propos de l'illustratrice

⁂

Marcela Bolivar est une artiste numérique spécialisée dans les techniques de photomontage. Toutes ses compositions sont faites à partir de photographies qu'elle soumet à un processus complexe de transformation, d'assemblage et d'attention aux détails, les rapprochant ainsi d'expressions picturales.

« Les illustrations photo de Marcela Bolivar possèdent une certaine douceur – les silhouettes, les fleurs, les plantes et les étoffes semblent onduler sous le vent, comme si ce dernier pouvait les emporter à tout moment. En utilisant des teintes généralement claires, Bolivar confère une essence élégante à ses personnages. On les voit se métamorphoser et changer de forme pour se fondre dans la nature, comme s'ils possédaient des pouvoirs mystiques impossibles à saisir complètement. » – Nastia Voynovskaya.

www.marcelabolivar.com